Grindr et ses frasques

"Fun ? now ? dispo now ? qui suce ? je te suce ? BM ? qui est dispo now ? qui Baise now ? daddy for now ? Blowjob (fellation), la pluie des dicks pic (photos de pénis) comme message d'introduction ce sont les propositions que nous pouvons trouver en ouvrant l'application et j'en passe."

qu'a-t-on fait de : Hello comment ça va ? comment tu t'appels ? on se présente ? veux-tu aller prendre un verre ? aimerai-tu aller diner avec moi ? quelles sont tes centres d'intérêts et j'en passe

« Y'a-t-il pour toi un plaisir plus grand et plus vif que le plaisir des choses de l'amour ? » De Platon/La République

A l'origine, cette application avait pour objectif de faciliter les échanges entre personnes de même sexe, en particulier entre hommes homosexuels. En particulier ceux qui ne pouvait ou ne voulait pas participer :

1.   Aux événements LGBTQ+ : Participer à des événements LGBTQ+ tels que des défilés de la fierté, des festivals culturels, des conférences ou des salons qui sont des excellentes occasions de rencontrer de nouvelles personnes et de tisser des liens.

2.   Les activités et loisirs : S'impliquer dans des activités et des loisirs. Passionnants ce soit à travers des cours, des clubs de lecture, des activités sportives, des groupes de randonnée, etc., ces contextes offrent des opportunités pour construire des relations sur des bases solides.

3.   Références sociales : Les amis, la famille et les connaissances pour les présenter quelqu'un, ce sont peut-être des d'excellentes ressources pour rencontrer des personnes intéressantes. Parfois, une simple mise en relation peut suffire à initier une nouvelle connexion.

Pour certains homosexuels ou gays, la discrétion de leur sexualité resté encore un sujet très important, malgré l'effet de se retrouver dans un lieu public avec d'autres homosexuels il se peut qu'ils se sentent encore trop exposés

De plus, dans des contextes neutres, bars, dans les bars appelé par les gays (des bars hétérosexuels) que bien évidement sont fréquenté par toutes les personnes sans différences d'orientation sexuel de chacun. En effet, les approches entre hommes sans connaître réellement l'orientation sexuelle de l'autre, peuvent être délicates. Comme nous le savons bien, il est préférable de ne pas se tromper, surtout que dans certains cas en abordant quelqu'un de fermés d'esprit et sans aucune tolérance dans ce sens peu créer une situation délicate.

« Brian 43 ans, se rappelle, j'étais dans un bar à Londres, la soirée avait très bien commencer j'y été pour le travail, dans mes souvenirs à ces jours ce bar n'existe plus, en compagnie d'un ami très aimable et qui me guidait dans la ville afin de combiner le travail avec le professionnel et cet ami était un mordu de la mode, s'il aimait quelque chose une autre personne portait il n'hésitait pas de complimenter ou de demander la référence afin qu'il puisse à son tour se l'approprier. A note qu'accourant de la soirée tout se passait bien et nous engageons énormément, et c'était vraiment une personne qui savait mettre alaise les gens, je suppose que les autres personnes dans le bar donc « un bar hétérosexuel comme ils disent » avaient remarqués notre complicité.

Cet ami me disait as-tu vu le col de la chemise de du mec adroite à côté de la fille blonde ? c'est magnifique, je voudrais avoir la même ! Eh bien un moment donné je lui ai conseillé d'aller demander à ce mec où est-ce qu'il c'était procurer cette pièce si magnifique selon mon ami. Sans hésiter il s'est levé et parti en direction de cet homme, et moi en observateur quelque deux ou 3 personnes plus loin. Soudan, j'ai commencé avoir une petite agitation et en retournant le regard vers mon ami je vois que l'autre lui parlait d'une façon menassent et là j'ai compris que quelque chose n'allait pas et je me suis approché pour dans le besoin pouvoir apaiser les choses, quand il m'a vu il nous a de suite « dit : prend ton petit copain et disparaissait de ma face » et pourtant je connaissais très bien cet ami et je connaissais également le contexte que lui avait pousser à aller lui parler ! Alors j'étais quelque peu perdu. Nous sommes bien évidement sorti devant lui puisqu'il ne voulait pas notre présence devant lui. Mon ami m'expliquât alors que si cet homme avait réagi ainsi parce qu'il lui avait dit qu'il appréciait bien sa chemise et dans l'étonnement de mon ami, cet homme aurait pris ce compliment comme une technique de drague !

Eh bien en connaissant cet ami, étant une personne très soleil et qui dégageait toujours de la bonne énergie et qui avait énormément de succès auprès des femmes et en effet il aimait uniquement les femmes, enfaite le genre des personnes dont on a des difficultés à leur trouver des défauts. A cet instant j'ai compris que en effet, certaines personnes avaient encore des problèmes avec certaines choses. En effet quelques siècles en arrières, quelques époques passées, un véritable homme devait demeurer et agir comme tel, incarnant le mâle alpha et faire des compliments sur son apparence physique ou vestimentaire à un autre hommes n'en faisait peut-être pas partie et que cela reliait forcément à des désirs plus que amicaux à croire que certaines personnes sont bloquées dans une époque lointaine. »

Certes, de nos jours, l'homosexualité n'est toujours pas très bien accueillie dans certains pays ou cultures. Ainsi, il est essentiel de faire attention et de bien évaluer la situation avant de s'engager à faire des avances ou de « flirter* » avec quelqu'un qui a n'a pas la même orientation sexuelle que vous, ou qui est du même sexe que vous. « Parfois le cœur peut-être en dehors de la raison »

"Flirter* avec quelqu'un peut être très excitant mais également peut être risqué non seulement l'effet de se tromper de cible mais également blesser ses propres émotions !

Il est donc primordial de s'assurer que l'autre personne partage les mêmes préférences sexuelles que vous avant d'exprimer clairement ses intentions romantiques.

En effet, cette situation peut être mal interprétée par la personne visée, et dans certains cas, elle peut même donner lieu à des conflits et des confrontations, parfois même aboutir à des disputes pouvant dégénérer en bagarres physiques. Jusqu'à récemment, les hommes homosexuels n'ont pas joui de la même liberté que leurs homologues hétérosexuels pour aborder naturellement quelqu'un qui leur plaisait dans des lieux publics tels que les restaurants, les bars, ou les boîtes de nuit, à moins que l'orientation sexuelle ne soit clairement indiquée au préalable, ou si certains signes physiques ou comportements laissent supposer une orientation différente. Cependant, même dans ces cas, la précision n'est pas toujours garantie.

L'adage "l'habit ne fait pas le moine" s'applique bien ici, car il est possible pour quelqu'un de présenter tous les signes d'un homme homosexuel sans pour autant l'être réellement. Ces situations, bien que parfois rares, ne sont pas impossibles. Un exemple récent de cette diversité est l'émission américaine "RuPaul's Drag Race", où des hommes se déguisent en drag queens pour réaliser diverses performances artistiques allant de la musique à la danse. Il est important de noter que le terme "drag queen" ne se limite pas aux hommes déguisés, car même les femmes peuvent participer à cette forme d'expression artistique, soulignant ainsi la richesse et la profondeur de ce sujet.

Cette émission, "RuPaul's Drag Race," offre une perspective fascinante sur la diversité des expressions de genre et des identités au sein de la communauté LGBTQ+. En mettant en avant des performances artistiques variées, elle contribue à briser les stéréotypes et à remettre en question les normes traditionnelles de masculinité et de féminité.

Cependant, même avec de tels progrès dans la reconnaissance et l'acceptation des diversités sexuelles, il subsiste des défis pour les hommes homosexuels dans la manière dont ils peuvent aborder les autres dans des espaces publics sans le recours à des applications spécifiques comme Grindr. Les préjugés et les attentes sociales peuvent encore créer des barrières, malgré l'évolution des mentalités.

Il est crucial de souligner que chaque individu a son propre parcours et que l'expression de son identité sexuelle peut être complexe. La société évolue, mais il reste essentiel de promouvoir l'inclusivité et de célébrer la diversité au-delà des apparences ou des comportements stéréotypés. Les interactions humaines devraient être basées sur le respect mutuel, la compréhension et l'acceptation de la richesse des expériences individuelles.

En fin de compte, la quête de l'amour et de la connexion va au-delà des étiquettes et des normes. Les hommes homosexuels, comme toute personne, méritent de vivre des relations épanouissantes, libres des contraintes liées à leur orientation sexuelle. La reconnaissance de cette liberté est un pas vers une société plus inclusive et respectueuse de la diversité humaine.

Absolument, l'émission "RuPaul's Drag Race" démontre de manière éloquente que les expressions artistiques, y compris le drag, transcendent les frontières de l'orientation sexuelle. Le fait que des candidats hétérosexuels puissent participer et apprécier cet art démontre la complexité et la richesse de la diversité humaine. Cela met en lumière la nécessité de dépasser les préjugés et de reconnaître que les intérêts artistiques ne définissent pas nécessairement l'orientation sexuelle d'une personne

Grindr, en tant qu'outil de connexion rapide a toutefois élargi les horizons des relations homosexuelles. Il offre un espace où les individus peuvent exprimer ouvertement leurs désirs et chercher des partenaires compatibles. Cependant, le grand nombre de choix des partenaires, la simplicité de l'application peut conduire à des interactions superficielles, basées sur des clichés et des stéréotypes que à force ce sont les utilisateurs eux même qui renforcent ces clichés.

Même s'il est important de rappeler que derrière chaque profil se trouve un individu avec sa propre histoire, ses aspirations et sa personnalité unique. Bien que Grindr puisse être un moyen pratique de rencontrer des gens, certains comportements répétés et consistant mettent en doute l'effet que cela soit essentiel de ne pas réduire les personnes à des stéréotypes ou des étiquettes surtout qu'aux dernières nouvelles la plupart des gays trouvent que Grindr du moins les utilisateurs rendent cette application très toxique, mais la majorité n'arrive pas à supprimer cet application pas pour une question d'addiction à l'application mais souvent addiction au sexe rapide sans compromis et certains encore espèrent malgré l'environnement toxique il est encore possible de rencontrer quelqu'un qui cherchait plus que du sexe rapide.

Julien 28 ans, raconte : cela fait presque 6 ans que je suis inscrit sur Grindr, j'ai été en couple 2 fois et un de mes ex copain je lui avait rencontré sur cette application, en effet, le soir où nous sommes rencontrés à l'origine, c'était typiquement une rencontre Grindr, cela veut dire, « tu viens chez moi ou je viens chez toi » cette période-là de ma vie je n'attendais rien de cette rencontre si c'est n'est que quelques heures voir moins de plaisir sexuel avec ce garçon qui me semblait plutôt intéressant physiquement parlant et j'étais assez excité*2 ce soir-là, je l'ai reçu chez moi, et offert un verre d'eau selon sa demande et nous savions ce qui nous avait amenés là et avons passer directement à l'action pour être honnête c'était plutôt décevant dit-il. C'est quand nous avons fini de faire notre affaire le moment juste après où certains allument des cigarettes où alors d'autres s'habillent précipitamment comme si la maison où sont venu prenait feu « dit-il avec un ton ironique » Miraculeusement, tous deux nous n'avons pas bougé, et avons commencer à parler d'un sujet complémentèrent inattendu et cela a duré jusqu'au petit matin, c'est à ce moment précis que j'ai compris que nous n'avion pas entamer les choses dans le bon ordre, puisque c'est que j'avais trouvé plus intéressant dans cette soirée c'est n'était de loin le moment sexuel puisque le moment sexuel était complétement vide d'intensité, mais c'est que m'avait plus intéressé c'était cette échange inattendu et la fluidité de nos discussions.

Comme quoi ces rencontres plutôt coquines parfois peuvent nous surprendre mais pour cela, il faut avoir une grande ouverture d'esprit et surtout faire espace à un moment de discussion à cœur ouvert « dit-il d'un ton plutôt sérieux) Mais je n'arrêterai jamais de me demander quelle tournure cette rencontre aurait pu donner si je l'avais plutôt invité à prendre un verre histoire de faire connaissance dans un décors préférablement neutre ? je pense clairement j'aurais adoré discuter avec lui et je pense que dès que tu apprécies ce qu'une personne te raconte dans les discussions, si tu es vraiment honnête dans ce que tu penses aimer, parce parfois cela arrive que cela arrive qu'on essaye de se persuader d'affectionner quelqu'un par sa gentillesse ou la politesse. Mais quand l'appréciation est véritablement sincère je pense que pour notre première nuit sexuelle il y'avait pas des raisons que cela se passe mal puisque j'aurais déjà créé un autre lien plus subtil avec lui ! 3 ans après nous sommes toujours ensemble mais un seul regret qui est toujours dans me tète ce que notre première nuit cotée sexuel pour moi n'a pas été mémorable puisque le lien émotionnel n'était pas encore lors de ce rendez-vous un peu clandestin. Mais cela ne change en rien l'amour que je porte à mon petit bout de chou « lance-t-il avec un sourire dans le coin des lèvres »

« La diversité des rencontres au sein de la communauté gay mérite d'être célébrée, et les relations devraient toujours être fondées sur le respect mutuel et la compréhension »

Concernant Grindr, l'application offre en effet une opportunité unique aux personnes homosexuelles de se connecter sans crainte et de découvrir des relations potentielles dans leur quartier ou ville. Le fait de pouvoir entrer en contact avec des personnes du même environnement, parfois même avec des voisins d'enfance, ajoute une dimension personnelle à la recherche de relations amoureuses. Cela crée un espace où les individus peuvent s'exprimer librement et avouer leur attirance sans craindre de se tromper sur l'orientation sexuelle de l'autre.

Ces plateformes et émissions contribuent à élargir les perspectives et à promouvoir une compréhension plus nuancée de l'identité et de l'expression de genre. Elles jouent un rôle important dans la construction d'une société plus ouverte, inclusive et respectueuse de la diversité des expériences humaines. Quand c'est bien utilisé

En 2020, le monde basculait dans une période de pandémie, marquée par une série de confinements, entraînant des changements significatifs dans nos comportements et habitudes. Les restrictions sur les rassemblements étaient omniprésentes, avec des limitations strictes sur le nombre de personnes autorisées en dehors du foyer. Parallèlement, les activités en ligne ont connu une croissance exponentielle, l'internet devenant le principal moyen de communication et de maintien du lien avec nos proches, amis, voire partenaire amoureux.

Bien évidemment, l'être humain n'est pas fait pour être enfermé, et il accepte encore moins d'être interdit de faire quelque chose qu'il considère comme normal.

Pendant cette période, les applications de rencontres telles que Grindr et bien d'autres, qu'elles soient destinées aux rencontres hétérosexuelles ou homosexuelles, ont été le théâtre de multiples infractions aux règles. De nombreux utilisateurs de ces applications ont continué à organiser discrètement des rendez-vous à domicile, surtout s'ils étaient célibataires. En effet, la solitude est devenue une préoccupation majeure pour chacun de nous, et le manque de contact humain se faisait lourdement ressentir. Ainsi, toute opportunité de remédier à cette situation était accueillie avec soulagement.

Cependant, il est important de souligner que nous ne pourrons pas éternellement justifier nos erreurs ou nos actions par l'impact de la Covid dans nos vies. À un moment donné, il faudra assumer nos responsabilités et accepter les conséquences de nos actes.

La réalité est que la pandémie a demandé des sacrifices et des ajustements à nos modes de vie habituels. À mesure que la situation évolue, il devient impératif d'adopter des comportements responsables, en tenant compte des conséquences potentielles de nos actions sur la santé publique et celle de nos proches.

Il est compréhensible que la période de pandémie ait mis à l'épreuve notre capacité à faire face à la solitude et au manque de contact humain. Les applications de rencontres, dont Grindr, ont été des échappatoires pour beaucoup, offrant une opportunité de connexion sociale dans une période où les interactions physiques étaient limitées. Malheureusement, certains ont laissé leur bon sens de côté et ont permis à leur libido de dicter leur mode de vie.

Alors que nous cherchons à répondre à nos besoins sociaux et émotionnels, il est crucial de trouver des moyens sûrs et responsables de le faire. La prise de conscience individuelle et collective de la nécessité de respecter les règles sanitaires demeure une étape cruciale pour surmonter cette période difficile et contribuer à la protection de tous.

À travers la pandémie et Grindr, de nombreuses personnes ont simplement révélé leur personnalité. Lorsqu'une personne est obsédée par le sexe et qu'elle trouve un moyen de mettre en avant cette obsession, il est clair qu'elle ne résistera pas à l'occasion. Beaucoup affirment encore : "Je suis un homme et j'ai des besoins !" Certes, nous avons tous des besoins naturels, mais il est crucial de faire la distinction entre avoir des besoins et être obsédé par leur satisfaction. « Certains textes anciens ont déjà averti des conséquences d'être esclave de ses désirs, et c'est exactement ce que nous pouvons observer dans le comportement de certains hommes sur cette application »

A cette période, les rencontres homosexuelles étaient souvent orientées uniquement vers la satisfaction de la solitude, dans le but de passer un bon "moment", comme certains le disent, ou simplement pour le "fun". Il semblerait que beaucoup d'hommes de la communauté LGBT, sans le réaliser, aient découvert créaient un phénomène que jouera un rôle très important : « la surconsommation de sexe »

La surconsommation de sexe a toujours existé mais aujourd'hui quand quelqu'un va sur Grindr comprend tout de suite que la définition de la surconsommation également appelé la d'hypersexualité ou d'addiction sexuelle se caractérise par un besoin compulsif et irrépressible de penser au sexe, de se livrer à des activités sexuelles ou de consommer du matériel sexuel de manière excessive, au point où cela entraîne des conséquences négatives sur la vie quotidienne, les relations personnelles, la santé mentale et même la santé physique. En effet, quand une personne doit rencontrer de manière excessif divers partenaires sexuels en ligne ou à s'engager dans des comportements sexuels risqués et impulsifs. Cette obsession peut interférer avec leur capacité à fonctionner normalement dans d'autres aspects de leur vie, tels que le travail, les études et les relations familiales ou amicales. Il est clair que nous sommes très loin de ce que nous pouvons appeler avoir un besoins sexuel habituel C'est bien possible que, durant cette période, l'objectif ait été de combattre la solitude aussi rapidement que possible. Il est intéressant de rappeler que ce phénomène de la surconsommation de sexe existait déjà depuis toujours, mais que jusqu'à présent, les gens utilisé leur bon sens et les rendez-vous suivaient davantage une approche traditionnelle. Cela signifie que les personnes s'intéressaient mutuellement et organisaient un rendez-vous autour d'un verre ou d'un dîner pour apprendre à se connaître. Parfois, cela se concluait effectivement par une histoire d'une nuit, mais dans d'autres cas, plusieurs rendez-vous étaient nécessaires avant que l'un ou l'autre n'aborde la possibilité d'une connexion plus profonde.

Cette démarche plus lente permettait d'établir une véritable connexion entre deux individus, favorisant ainsi la construction potentielle d'une histoire d'amour durable. Cependant, la pandémie a semblé accélérer les choses, incitant de nombreuses personnes à chercher rapidement des relations éphémères pour combler le vide émotionnel créé par la solitude.

Cependant, au fur et à mesure que les rencontres homosexuelles se sont orientées vers une quête plus rapide de satisfaction émotionnelle, certaines voix au sein de la communauté LGBT ont commencé à exprimer le sentiment qu'une part importante de l'essence des relations était peut-être perdue.

Il est devenu évident pour certains que la surconsommation de rencontres centrées sur le plaisir immédiat ne permettait pas toujours la construction de connexions profondes et significatives. Le mouvement qui existait depuis longtemps, où les rendez-vous étaient plus réfléchis et impliquaient des étapes graduelles pour établir une connexion réelle, semblait être mis de côté.

« Jean 43 ans raconte : J'ai toujours utilisé Grindr, c'est tellement plus simple si j'ai besoin de me soulager sans devoir me justifier, je suis un réel célibataire endurci, c'est mettre en couple pour moi je trouve cela trop compliqué, en réalité je pense ne pas aimer les responsabilités malgré mon âge plus au moins mur, à devoir à voir la responsabilité d'une autre personne ne me convainc pas vraiment. Pendant la pandémie c'était courant d'avoir à tout moment de la journée un partenaire sexuel disponible. En effet, cela m'arrivait d'envoi un le matin et un autre le soir, et j'ai commencé à en avoir plusieurs à la fois, une fois passé ce cap et à la fin de la pandémie j'ai remarqué que je n'avais plus autant des rapports par semaines, et j'avoue que cette situation ne m'était plus habituelle du tout « dit-il avec un air étonné » en effet, après il fallait se rendre compte à l'évidence que certaines personnes avait repris leur activités respectives, étant donné que durant ces rendez-vous multiples il n'avait pas que du sexe qui venait à moi, y'avait également d'autre produits et ceux-là jusqu'à lors m'étais complétement inconnus. En effet à ma surprise j'étais en manque tout cela ! alors au bout d'un moment j'ai décidé de me faire aider parce que je n'arrivais plus à suivre malgré qu'une voix dans ma tête me disait que tout allait bien et que j'allais parfaitement bien « comme on dit un fou ne vous dira jamais qu'il est fou ! lance-t-il » j'ai commencé à recevoir de l'aide et après je je me suis rendu compte que je m'étais engager dans un rythme déséquilibre pas très saint que malgré mes efforts cela me suit encore aujourd'hui. »

L'équilibre entre la nécessité de combler la solitude rapidement et la construction d'une relation durable est devenu un défi pour beaucoup d'utilisateurs de Grindr. Certains essayent de commencer à prendre conscience que la qualité des rencontres et des relations ne devrait pas être sacrifiée au profit du plaisir rapidité. Les discussions autour de la redéfinition des objectifs dans les rencontres et du retour à des approches plus profondes ont commencé à émerger au sein de la communauté.

Ainsi, l'utilisation de Grindr pendant la pandémie a agi comme un catalyseur, mettant en lumière les envies et les besoins parfois démesurés et irrationnels de certains individus de la communauté LGBT. Les questions de la surconsommation de sexe et de l'équilibre entre le désir immédiat et la construction de relations durables sont devenues des sujets de discussion, alors qu'auparavant, nous les considérions comme des choses aussi naturelles que de respirer, sans ressentir le besoin d'y penser. Cependant, étant donné que la majorité de la communauté LGBT utilise Grindr et que ce sont ces mêmes utilisateurs qui adoptent des comportements toxiques sur cette application, on pourrait penser que ces personnes ont leurs idées concentrées uniquement sur les plaisirs rapides.

Certes, chaque personne a des histoires différentes, des demandes et des désirs variés. Ainsi, il n'est pas juste de blâmer quelqu'un qui n'a aucun intérêt à s'engager dans une relation sérieuse si son histoire personnelle ou son état d'esprit ne le permettent pas.

D'un autre côté, il est également inapproprié d'influencer consciemment ou inconsciemment une personne à faire quelque chose qui, à l'origine, n'était pas vraiment son souhait. Chacun a le droit de déterminer sa propre trajectoire relationnelle en fonction de ses besoins, de ses limites et de son état émotionnel.

Respecter les choix et les limites de chacun est essentiel dans toutes les interactions humaines, en particulier dans le domaine des relations. La communication ouverte et honnête, sans pression indue, favorise un environnement où chaque individu peut exprimer ses véritables désirs et établir des liens authentiques en accord avec sa propre volonté.

Aujourd'hui, nous constatons qu'une application a connu un changement radical, ou du moins presque, dans son objectif initial. Non, en réalité, il serait plus précis de dire que ce n'est pas l'application elle-même qui a changé d'objectif initial, mais plutôt que la découverte du plaisir rapide et sans lendemain, sans nécessité de justification, a considérablement favorisé cette évolution.

 Comme c'est le cas dans de nombreux aspects de la vie au 21e siècle, la surconsommation semble être une tendance dominante. Cette tendance touche pratiquement tous les domaines, et le seul domaine que nous pensions encore pouvoir contrôler, du moins de manière générale, c'est-à-dire la sphère de la sexualité, semble également nous échapper.

Il est intéressant de constater comment les évolutions technologiques, les changements sociaux et la rapidité de la vie moderne ont influencé notre façon d'aborder les relations intimes. La recherche constante de gratification instantanée et le rejet des contraintes traditionnelles semblent remodeler profondément notre perception du plaisir et des interactions humaines. La question qui se pose est de savoir dans quelle mesure cela redéfinit nos attentes et nos expériences dans le domaine de la sexualité et des relations à long terme.

Ainsi, la recherche de gratification instantanée dans le domaine des relations intimes, favorisée par des applications telles que celle dont nous parlons, semble refléter une tendance plus large de la société contemporaine vers la consommation rapide et sans contraintes. Cette évolution a impacté notre approche des relations de manière significative, remettant en question les notions traditionnelles de stabilité et d'engagement à long terme.

Le domaine de la sexualité, souvent perçu comme le dernier rempart de l'intimité personnelle, a également été touché par cette dynamique. Les interactions sexuelles, autrefois associées à des rituels plus complexes et à des liens émotionnels plus profonds, ont été simplifiées et souvent déconnectées de la recherche d'une connexion émotionnelle durable.

Cependant, au-delà de cette tendance, il est important de noter que chaque individu a des attentes et des besoins uniques en matière de relations. Alors que certains peuvent trouver satisfaction dans des rencontres éphémères, d'autres cherchent toujours des relations plus profondes et significatives.

La question fondamentale qui se pose est de savoir comment cette évolution influencera nos relations à long terme et notre capacité à établir des connexions profondes et significatives. Il reste à voir si la société saura équilibrer la recherche de plaisir instantané avec le besoin inhérent d'intimité, de connexion émotionnelle et de stabilité dans les relations.

C'est un effet boule de neige, où les jeunes atteignent la maturité sexuelle et découvrent la vie sexuelle. Bien entendu, ils font face aux mêmes défis que leurs aînés, car il n'est toujours pas facile d'exprimer des avances envers une personne du même sexe, surtout quand on n'est pas sûr de l'orientation sexuelle de l'autre. Pour compliquer davantage les choses, il semble que de nos jours, de moins en moins de gens veulent vivre dans la réalité concrète, car les réseaux sociaux, ironiquement parlant, sont venus "arranger" les choses.

Une grande partie des jeunes se sentent plus en confiance lorsqu'ils s'expriment derrière un écran, ce qui a conduit à une chute libre des approches réelles en personne. Les interactions virtuelles offrent une certaine distance et une sécurité relative, mais elles peuvent aussi contribuer à une déconnexion émotionnelle lors des rencontres réelles. La difficulté d'exprimer ses sentiments directement face à face persiste, malgré les avantages des réseaux sociaux.

Alors quand ces jeunes gays (1) ou homosexuels, découvrent qu'ils ont un moyen de pouvoir rentrer en contact avec d'autres gays et cherchant à explorer leur vie sentimentale ou sexuelle, peuvent se retrouver impliqués dans une communauté qui peut parfois être toxique, caractérisée par des comportements vicieux ou obsédés par des aspects pas toujours respectueux.

(1)-Jeunes gays (l'âge de la personne n'est pas la question)

Et se retrouvent dans un système où le sexe est devenu banale au sein de cette communauté, semble parfois éclipser des valeurs fondamentales nécessaires pour établir des liens significatifs et apprendre à connaître l'autre au-delà du contexte sexuel. Il est inquiétant de constater que les rencontres peuvent souvent se transformer en expériences superficielles, avec des individus se retrouvant dans des chambres sans même connaître le nom de leur partenaire, et sans avoir établi de véritable connexion au préalable et parfois même sans aucun contant et dans le noir !

Les lumières d'alertes mettent en évidence le besoin urgent de réfléchir à la qualité des relations au sein de cette communauté LGBT. Il semble y avoir un manque de conscience collective sur l'importance de créer des relations basées sur le respect mutuel, la communication ouverte et la compréhension approfondie de l'autre, surtout la connaissance approfondie de l'autre avant de passer à une connaissance charnelle ou intime. Certes, le désir sexuel est un aspect naturel et légitime de l'expérience humaine, et chacun a le droit de le vivre pleinement. Cependant, cela ne signifie pas que nous devrions faire des demandes en mariage à chaque personne qui nous attire physiquement. Il est essentiel de favoriser des échanges plus profonds afin d'avoir au moins une idée de qui nous invitons chez nous ou de chez qui nous sommes invités pour pratiquer le fameux FUN (passer un moment de plaisir sexuel avec un autre homme)

Les rencontres sexuelles peuvent être enrichissantes et épanouissantes lorsqu'elles sont basées sur le respect mutuel, la communication ouverte et la compréhension. Prendre le temps de connaître l'autre au-delà de l'attraction physique peut contribuer à créer des expériences plus significatives et plus gratifiantes.

En prenant le temps de découvrir l'autre au-delà de l'attraction physique, on peut vraiment enrichir ces expériences et les rendre plus intéressantes.

La véritable connexion émotionnelle et intellectuelle peut ajouter une profondeur et une satisfaction supplémentaires à ces moments intimes. En favorisant un environnement où les individus se sentent libres d'exprimer leurs désirs, de fixer des limites claires et de comprendre les attentes de l'autre, on établit les bases d'une expérience sexuelle qui va au-delà du physique pour inclure des dimensions peut-être pas forcément émotionnelles pour u coup d'un soir mais au moins relationnelles.

que l'on le veuillez ou pas la sexualité et l'émotion sont étroitement liées il semble que beaucoup d'utilisateurs de Grindr et d'autres applications similaires puissent négliger ou minimiser cet aspect crucial.

Il est possible que la nature souvent instantanée et axée sur la recherche de partenaires sexuels de ces applications contribue à reléguer l'émotion au second plan. Cependant, cela peut entraîner une déconnexion émotionnelle dans les interactions, laissant parfois les individus insatisfaits sur le plan émotionnel malgré des rencontres sexuelles satisfaisantes sur le plan physique.

Encourager une prise de conscience collective sur l'importance de l'émotion dans la sexualité, même dans le contexte des rencontres en ligne, pourrait contribuer à des relations plus équilibrées et plus enrichissantes. Reconnaître que le bien-être émotionnel est aussi crucial que le bien-être physique peut conduire à des expériences sexuelles plus satisfaisantes sur tous les aspects de la vie humaine.

Si au moins l'aspect relationnel est bien préparé, cela contribue non seulement au bien-être individuel, mais aussi à la création d'une culture de respect et de responsabilité mutuelle au sein des relations intimes.

Il claire qu'il est important que les jeunes et les adultes hommes, femmes puissent explorer leur sexualité librement mais cela ne veut pas dire que de détruire le côté émotionnel !

Un jeune Robert de 24 ans, qui se trouvait en effet sur l'application parce qu'il venait d'avoir une séparation assez difficile et que bien évidemment il avait besoin de nouveaux liens, rencontrer de nouvelles personnes peut-être bien pour échanger et peut-être rencontrer un autre garçon ou pas du tout ! Étant donné qu'il avait toujours été en couple et à partir du moment où il s'est retrouvé célibataire, il dit que la seule chose que l'application lui aurait offerte, c'est now, fun, suck ? Il s'est immédiatement rendu compte du foutoir (poubelle) qui était devenu le monde des relations amoureuses. Dans les 20 garçons bien évidemment, des âges variés, qu'il aurait approchés, aucun ne lui proposait au moins une mise à plat ! C'était que du direct sans bla bla bla.

Étant donné qu'il était dans une situation difficile émotionnellement et qu'il avait besoin de contact humain, peut-être pas la forme du contact qu'on lui proposait. Mais cela au moins lui soulageait quelques instants de passer un petit moment avec quelqu'un et oublier un instant son chagrin puisque l'offre s'arrêtait là.

Il raconte : malheureusement, mon objectif n'a jamais été de fréquenter ou en tout cas d'avoir des relations sexuelles avec divers garçons par semaine ou par jour ! Mais malheureusement, quand vous n'avez pas beaucoup d'options dans le menu, vous vous rabattez finalement sur ce que vous avez. C'est ce qui ne lui procurait pas toujours de la joie puisque ce qu'il cherchait, c'était quelque chose d'un peu plus profond à ce moment-là sans forcément devoir passer par la case sexuelle.

J'espérais tous les jours sans savoir comment prendre le contrôle de la situation et expliquer que c'était pour nous (hommes qui aiment les hommes) le seul moyen de rentrer en contact et si possible établir des liens. Nous croisons et rencontrons des gens et nous ne savons pas toujours quel est leur état de santé mentale. Bien évidemment, si nous nous résignons à nous exprimer, comment voulez-vous que les gens comprennent ce qui se passe dans vos têtes ? Eh bien, en tant que personne très réservée, je n'ai toujours pas assez de courage pour pouvoir m'exprimer, surtout que si j'ai de l'autre côté quelqu'un de très convaincant, il ne s'agit surtout pas de manipulation ! dit-il : il s'agit juste d'avoir assez de courage pour dire ce qu'on veut vraiment ! Imaginez-vous être dans l'océan dans l'eau salé et vous êtes une pomme, pensez-vous que vous garderez votre saveur sucre long temps avant d'absorber la saveur de son environnement salé ?

Je me rappelle un des premiers garçons que j'avais rencontré après 10 minutes de rendez-vous voulait déjà que j'ouvre l'application pour trouver d'autres garçons pour qu'on enchaine le rendez-vous à plusieurs (sexe à plusieurs)

Moi qui étais jeune innoncent et qui rêvait d'une histoire d'amours dit-il

C'est à ce moment précis qu'il comprit qu'il était son plan sexe et que cette rencontre selon lui était basée uniquement sur le sexe.

Quand il s'agit de reconnaître les dynamiques toxiques qui peuvent exister au sein des couples gays lorsque l'un ou les deux partenaires cherchent à satisfaire leurs besoins sexuels en dehors de la relation. Cette situation peut être le résultat d'une multitude de facteurs, notamment une insatisfaction sexuelle perçue dans la relation actuelle ou des attentes non comblées et parfois l'ennuie et dans beaucoup de cas c'est aussi l'abondance de choix et la facilité d'avoir le choix comme aux super marché. Que parfois Un problème qui mettrait en question les valeurs auxquelles le couple avait basé leur relation

Plutôt que de chercher des solutions temporaires en explorant d'autres relations sexuelles, il est important pour les couples de travailler ensemble sur les défis auxquels ils sont confrontés. Cela implique une communication ouverte et honnête sur les besoins, les désirs et les préoccupations de chacun en matière de sexualité.

En s'engageant à cultiver une connexion profonde et significative dès le départ, les couples peuvent renforcer leur relation et trouver des moyens créatifs et constructifs de répondre aux besoins sexuels de chacun. Cela peut impliquer l'exploration de nouvelles pratiques sexuelles, la recherche de conseils professionnels ou thérapeutiques, ou simplement l'engagement à être attentif et réceptif aux besoins de son partenaire.

L'acceptation d'une relation ouverte ou polyamoureuse comme solution à des problèmes de satisfaction sexuelle peut souvent être une décision motivée par la peur de perdre l'autre, plutôt que par un véritable désir mutuel de respecter la connexion initiale du couple. Il est donc crucial que les couples s'efforcent de préserver cette connexion en faisant preuve de respect, de compréhension et d'empathie l'un envers l'autre.

En fin de compte, l'engagement à travailler ensemble pour renforcer la relation et à respecter les besoins et les limites de chacun est essentiel pour créer un lien durable et épanouissant. Cela nécessite un effort constant et une volonté sincère de s'investir dans la croissance et l'épanouissement mutuels, mais les récompenses d'une relation authentique et aimante en valent largement la peine.

Ce témoignage est l'un parmi des milliers d'autres, et tous les hommes inscrits, peu importe leur âge, semblent partager une même constatation : Grindr n'est pas une application où l'on peut trouver l'amour ! Eh bien, si Grindr est devenu toxique à ce point-là, où pensez-vous trouver l'amour à présent ? Puisque ni sur Tinder, ni sur Baboo, ni sur Bumble vous pouvez trouver l'amour ! Eh bien, tout ce qu'il vous reste, c'est de faire des rencontres dans la vraie vie, comme les hétéros, et bonne chance !

Il est important de reconnaître que c'est en grande partie les gays eux-mêmes qui ont contribué à rendre toxique Grindr, le seul site qui pourrait encore être bien utilisé. En cherchant principalement des rencontres sexuelles rapides et sans engagement émotionnel, de nombreux utilisateurs ont créé un environnement où le respect, la communication et la recherche de relations significatives ont été relégués au second plan.

Cette dynamique a eu pour effet d'éloigner ceux qui recherchent réellement des connexions émotionnelles profondes, les laissant avec peu d'options pour trouver des partenaires compatibles. En conséquence, même les sites de rencontres qui pourraient potentiellement offrir une plateforme pour trouver l'amour sont maintenant perçus comme étant dominés par la culture du "quickie" et du "hook-up".

Pour retrouver l'espoir de trouver l'amour, il est nécessaire que la communauté gay réfléchisse à ses comportements et à la manière dont ils contribuent à perpétuer cette toxicité. Cela pourrait impliquer un changement de mentalité collectif vers des valeurs de respect, d'authenticité et de recherche de relations émotionnellement enrichissantes. En fin de compte, c'est seulement en créant un environnement positif et bienveillant que les gays pourront espérer trouver l'amour et la connexion qu'ils recherchent.

Il est crucial de réaliser que l'idée n'est pas de détruire cet environnement, tout comme nous ne devrions pas détruire le reste de la planète. Certes, certaines personnes sont peut-être destinées à être seules, mais cela ne s'applique pas nécessairement à tout le monde. Il est donc important de réfléchir à la manière dont nous utilisons ces plateformes de rencontres et comment nous contribuons à façonner la culture qui les entoure.

Plutôt que de perpétuer des comportements toxiques et superficiels, nous devrions chercher à promouvoir des interactions plus authentiques et significatives. Cela pourrait impliquer une plus grande ouverture à la communication, un respect accru pour les sentiments et les besoins des autres, ainsi qu'un engagement envers la construction de relations durables et enrichissantes.

En fin de compte, il s'agit de reconnaître que la quête de l'amour et de la connexion est une aspiration humaine fondamentale, et que nous avons le pouvoir de façonner les environnements dans lesquels nous cherchons à réaliser ces aspirations. En choisissant de valoriser la qualité sur la quantité, l'authenticité sur la superficialité, nous pouvons espérer créer des espaces où l'amour véritable a une chance de s'épanouir. Cela demande une réflexion collective et un engagement envers le changement, mais c'est un effort qui en vaut la peine pour le bien-être émotionnel et spirituel de chacun.

Même si l'amour ne se cherche pas activement, il est vrai qu'il devrait être trouvé de manière spontanée et naturelle. Cependant, cela ne signifie pas pour autant que nous ne pouvons pas être disposés à le trouver. Être ouvert et réceptif aux opportunités de connexion émotionnelle, être prêt à investir du temps et de l'énergie dans la construction de relations significatives, voilà ce qui peut favoriser la découverte de l'amour.

En restant ouverts aux rencontres et en cultivant un état d'esprit positif et accueillant, nous augmentons nos chances de rencontrer des personnes avec qui nous partageons une connexion authentique. Il est important de se rappeler que l'amour peut se présenter de différentes manières et à des moments inattendus, mais cela ne signifie pas que nous devrions rester passifs dans notre recherche de bonheur et d'épanouissement émotionnel.

En étant disposés à ouvrir notre cœur et notre esprit aux possibilités de l'amour, nous créons un espace où celui-ci a la possibilité de fleurir et de s'épanouir. Cela nécessite parfois de sortir de notre zone de confort, d'explorer de nouvelles expériences et de prendre des risques émotionnels, mais cela peut également conduire à des récompenses et des joies profondes que l'on ne trouve que dans les relations humaines authentiques et aimante

Il est essentiel de reconnaître que la plupart d'entre nous apprécient le sexe, à quelques exceptions près comme les personnes asexuées ou celles qui ont choisi de consacrer leur vie à une divinité autrement dit pour des raisons religieuses. Dans tous les cas, la plupart des individus, qui utilisent le sexe à des fins soit reproductives ou pour le plaisir, en apprécient les différents bienfaits :

1   physiques : Le sexe régulier peut aider à maintenir une bonne santé cardiovasculaire en brûlant des calories et en stimulant la circulation sanguine. Il peut également renforcer le système immunitaire en augmentant la production d'anticorps et en réduisant le stress grâce à la libération d'endorphines.

2.	Bienfaits émotionnels : Le sexe déclenche la libération d'ocytocine et de dopamine, des neurotransmetteurs associés au bien-être et au bonheur. Cela peut réduire le stress, l'anxiété et la dépression, tout en favorisant une meilleure estime de soi et une plus grande satisfaction émotionnelle.

3.	Bienfaits relationnels : Le sexe peut renforcer les liens affectifs et la connexion émotionnelle entre les partenaires. La communication et l'intimité développées pendant les moments intimes peuvent renforcer la confiance et favoriser

Cependant, il est important de rappeler que si chacun de nous se concentre uniquement sur la recherche du plaisir éphémère qui dure entre 10 minutes et 1 heure, nous risquons d'entraîner une génération de divers hommes gays vers une solitude profonde dans les dix prochaines années. Cette solitude non désirée pourrait entraîner des conséquences néfastes, car beaucoup d'entre eux pourraient se retrouver incapables de créer des connexions plus profondes et émotionnelles pour entamer des relations significatives.

Une fois pris dans ce système toxique, il peut être difficile voire impossible de faire marche arrière. Quand nous disons qu'il est trop tard, c'est que c'est véritablement le cas. Il est donc primordial de prendre conscience de l'importance de cultiver des relations émotionnelles authentiques et de ne pas sacrifier la recherche de l'amour et de la connexion pour des plaisirs éphémères il ne faut pas être un génie pour comprendre que la vie est déjà éphémère alors nos intentions devraient être attirer par le contraire des choses éphémères. Investir dans des relations profondes et significatives peut apporter une richesse émotionnelle et un soutien qui ne peuvent être trouvés dans des aventures superficielles d'un soir et sans lendemain. Tout comme les bienfaits d'avoir une vie sexuelle active nous avons aussi les mauvais faits des plans culs que beaucoup raffolent sur Grindr:

Risques pour la santé :

 Si les précautions appropriées ne sont pas prises, les rencontres sexuelles occasionnelles peuvent augmenter le risque d'infections sexuellement transmissibles (IST) ou d'autres effets non désirés. Les rencontres sexuelles entre personnes souvent anonymes, le risque de transmission d'infections sexuellement transmissibles reste accru si les précautions appropriées ne sont pas prises, comme l'utilisation de préservatifs sans parler des nouveaux moyens de protections très prisés dans le milieu comme la PrEP qui consiste à prendre les comprimés selon prescription pour se protéger contre le VIH, mais celui si ne devait en aucun cas remplacer les préservatifs. I

Conséquences émotionnelles : Pour certaines personnes, les relations sexuelles sans engagement peuvent entraîner des sentiments de vide émotionnel, de culpabilité ou de confusion. Si l'une des parties développe des sentiments plus forts que l'autre, cela peut causer de la détresse émotionnelle

Impact sur l'estime de soi : Pour certaines personnes, les relations sexuelles occasionnelles peuvent altérer leur estime de soi ou leur perception de leur propre valeur, surtout si elles ne sont pas satisfaites sur le plan émotionnel.

Arnaud 26 ans racontes, je sais que je n'ai jamais été le mec le plus attirant qui existe, a partir du jour où j'avais décidé de télécharger cette application, je me suis direct rendu compte que j'étais comme une viande dans une boucherie et que j'étais jugé par mon physique puisque c'était donc ça qui était devenu le monde gay sur Grindr, celui qui a des abdos, un joli paquet, des belles fesses à montrer c'est celui là qui avait plus des plans culs à la fin de la semaine. Arnaud souligne, je n'ai rien contre le système qui favorise le beauty privilège, mais c'est que me dérange c'est comment tout cela nous rend des personnes vides.

En effet, les rencontres occasionnelles sur Grindr peuvent parfois conduire à des sentiments de vide émotionnel, de déconnexion et de basse estime de soi, surtout si elles sont utilisées comme un moyen de validation personnelle ou si elles ne répondent pas aux attentes émotionnelles.

Difficultés relationnelles : Si l'un des partenaires commence à développer des attentes de relation plus profonde tandis que l'autre préfère rester dans un arrangement occasionnel, cela peut entraîner des conflits et des tensions dans la relation et les exemples des hommes qui font des dates Grindr dans le but d'uniquement faire un plan cul et qu'après tombent sur le charme de l'autre et que c'est sentiment n'est pas réciproque ne manquent pas !

Stigmatisation sociale : Bien que la société moderne soit de plus en plus ouverte à la sexualité sans engagement, il existe toujours une certaine stigmatisation sociale associée aux relations sexuelles occasionnelles, ce qui peut entraîner du jugement ou des préjugés de la part d'autrui. Même si on apprend tous sans cesse de ne pas prendre en considération des jugements d'autrui, nous le savons tous très bien que la théorie c'est joli mais la pratique est toute autre.

Sécurité personnelle :

Rencontrer des inconnus via les applications de rencontre dans notre cas sur Grindr peut présenter des risques pour la sécurité personnelle. Il y a eu des cas signalés d'agressions, de vols et même d'attaques homophobes liées à ses moyens de rencontres. Malheureusement, tut les utilisateurs n'ont pas toujours les mêmes intentions. Donc la nécessité de changer la façon de faire ces rencontres dans les lieux publiques et selon vos échanges décider de la suite de ce rendez-vous non seulement est un moyen d'assurer sa propre sécurité mais aussi un moyen d'apprentissage de savoir contrôler ses pulsions. Le monde ne pas tout rose certains individus peuvent utiliser Grindr pour cibler des personnes vulnérables, notamment des mineurs ou des personnes en situation de détresse émotionnelle, dans le but de les exploiter sexuellement parfois plus grave encore. Certaines personnes peuvent utiliser Grindr pour escroquer les utilisateurs en leur demandant de l'argent ou en les piégeant dans des situations compromettantes, puis en les faisant chanter pour de l'argent. Les utilisateurs doivent être prudents lorsqu'ils communiquent avec des inconnus en ligne et éviter de partager des informations personnelles sensibles. Ce qui amènerait à la Cyberintimidation et discrimination : Les utilisateurs de Grindr peuvent être victimes de cyberintimidation, de harcèlement ou de discrimination en ligne en raison de leur orientation sexuelle ou de leur identité de genre. Il est clair que le fournisseur Grindr peut mettre tous les moyens efficaces de signaler et de bloquer les utilisateurs abusifs mais une part de responsable revient aux utilisateurs et leur prudence est sollicité.

Dépendance et perte de temps

Les Américains disent : Money is time, loin de l'idée du matérialisme, comme pour d'autres formes de médias sociaux et de rencontres en ligne, l'utilisation excessive de Grindr peut entraîner une dépendance et une perte de temps, en particulier si elle devient une distraction constante ou un moyen de procrastination.

Judson 36 ans, la question ne se posait même plus, dès que je me réveillais, j'ouvrais mon Grindr, pour savoir quoi je ne sais même pas mais c'était devenu un automatisme, et même dans la journée, quand j'étais au travail alors que je savais très bien que cela prenait mon temps pour rien. Mais j'avais toujours le sentiment de louper quelque chose d'important. Alors j'ai essayé de le supprimer plusieurs fois, mais je n'avais pas le résultat souhaité, au fond je pense que je voulais trouver quelqu'un pour me faire supprimer cette application qui prenais toute mon intention dès le petit matin, mais j'avais oublié que si je souhaitais changer quelque chose, je devais le faire tout d'abord pour moi et pas pour une autre X ou Y personne. Alors j'ai décidé de demande de l'aide à un professionnel. J'ai énormément modéré mon utilisation de Grindr et aujourd'hui je suis très concentré sur la qualité au lieu de la quantité. J'ai également modifié ma description, étant plus clair et profond dans mes recherches, et cela a eu un impact positif puisque j'ai constante que beaucoup visitent mon profil mais très peu m'écrivent et ceux qui m'écrivent viennent avec les intentions que je cherche comme prendre un verre ou diner ensemble afin de faire connaissance. Toute la grosse masse de quantité des messages des garçons sans intérêts profonds une fois qu'ils lisent mon profil ils comprennent que ce n'est pas chez moi qu'ils vont pouvoir faire des bêtises. Une chose très très importante ! rajoute-t-il : il faut absolument enlever les notifications ! si vous voulez que votre temps soit utiliser de la meilleure manière possible !

Grindr peut offrir des possibilités de rencontrer des partenaires sexuels, il est important pour les utilisateurs d'être conscients des dangers et de prendre des précautions appropriées pour se protéger contre les risques pour la santé, la sécurité et la vie privée.

John 33 ans escorte professionnel raconte, il fut un temps que le sexe était vraiment quelque chose de spécial dans le monde gay et dans les autres mondes, C'est encore possible mais encore hier c'était plus difficile pour les hommes homosexuels de prévoir de se rencontrer pour s'abonner aux actes sexuels rémunéré mais largement plus sécurisé à à des divers niveaux en partant du niveau de la santé et au niveaux de la sécurité des mes clients, mais aujourd'hui Grindr est venu tout changer, les hommes qui était prêt à offrir pour avoir des rapports de la qualités, pour avoir la sécurité de savoir qu'ils était avec un professionnel 100 pour 100 discret qui allait réaliser tout leur demandes sans gêne ou hésitation selon leur demandes et aujourd'hui avec Grindr sur clinc ils peuvent trouver des garçons la plupart de temps non rémunéré et souvent pas toujours fiable. C'est hiéronique mais les gens pensent souvent que les dangers proviendraient forcément chez un travailleur ou travailleuse du sexe, mais détrompez-vous ! rajoute-t-il avec un sourire confiant, le danger est dans l'eau qui dort qui a l'air parfait pour y prolonger, mais enfaite l'eau est complétement gelée ! Je veux dire par que les personnes qui vous pensez qu'ils sont cleans, classes, beaux gosses et presque immaculées c'est à eux qu'il faut vous méfier et de ne pas faire l'errer de se fier à une apparence ! En outre l'effet que Grindr a réduit considérablement les nombres de mes visites clients les clients prêts à offrir pour de la qualité, moi entant que professionnel j'ai l'obligation d'assurer la sécurité de mes clients et de moi-même en faisant mes suivis de manière étroite et naturellement cela fait partie de mon métier et de l'autre côté ceux qui pensent que malgré leurs enchainements des 20 rencontres sexuels Grindr par semaines ou par mois, malheureusement dans ce grand groupe d'hommes on y trouvera beaucoup qui ne sont pas forcément toujours très à cheval sur leurs suivis médicales et malheureusement c'est là où c'est trouvé le danger.

Je ne voudrais pas donner l'impression d'accuser Grindr de m'enlever mon gagne-pain dans la main, mais je pense qu'il y a beaucoup trop des rencontres gays sur cet application que ne devrait pas avoir lieu, moi en tant que professionnel je sais quand il faut que je dise non ou que je change quelque chose que l'autre me demande de faire si je trouve ça trop dangereux ou que n'était pas dans les plans. Mais imaginons tu reçois un mec chez toi et il vient avec toute sortes des substances inconnus ou vice-versa et on te le propose vu que l'excitation chez les humains souvent semble être la chose la plus importante que leur propre vie, eh bah tu acceptes sans savoir les conséquences que cette chose peu te faire.

C'est un peu la problématique de rencontrer quelqu'un a qui tu ne connais pas et sans fixer des règles de sécurité précis. Moi avec mes clients j'ai toujours des règles, donc si on se voit tout est discuté bien évidement le moment doit être intense et de qualité. Mais l'effet de fixer les règles des bases est aussi un moyen de contrôler la situation

Aujourd'hui malheureusement, la qualité dans le sexe laisse à désirer les gens se bécotent de gauche à droite sans aucun amendement, sans élégance, dans les toilettes publiques dans les forets bref sans élégance quoi ! très souvent sans protection nécessaire.

Je sais très bien que Grindr ne m'a pas tout pris, il reste encore des hommes qui cherchant de la vraie qualité sexuelle conclut-il avec un air serein.

De manière générale, l'idée n'est pas de se marier 11 fois dans une vie, mais d'apprendre à respecter ces émotions, son corps. On ne peut que respecter ses émotions si on tend l'oreille et on écoute la voix qui vient au fond de notre cœur et non au fond de nos organes sexuels

L'entreprise Grindr ne sera pas fermée pour que les utilisateurs sachent bien l'utiliser pour mieux se comprendre, s'accepter et s'écouter soi-même avant de répondre aux désirs éphémères qui parfois peuvent nous égarer. C'est donc à chacun de nous d'essayer d'arrêter de vivre un monde de l'extrême pollution mental où tout est jetable. Reconnaître la valeur de notre intégrité émotionnelle et physique, et agir en conséquence pour préserver notre bien-être et celui des autres.

Ainsi, apprendre à respecter nos émotions et notre corps implique de cultiver une relation de confiance avec nous-mêmes, de nous donner la permission d'explorer nos désirs tout en restant ancrés dans nos valeurs et nos limites. C'est un voyage intérieur qui demande du courage, de la patience et de la bienveillance envers nous-mêmes.

Parce que finalement, dans beaucoup des cas certains hommes gays enchainent des rencontres Grindr parce qu'ils ont le manque d'une présence permanente chez eux et par faute de pouvoir convaincre un de rester un peu plus longtemps pour créer une histoire ensemble ils se retrouvent coinsé dans un cercle vicieux.

Souvent, se retrouver pris dans un tourbillon de rencontres sans lendemain sur des applications comme Grindr. Ce n'est pas tant par choix, mais plutôt par un profond désir de combler le vide d'une présence constante, de trouver cette connexion authentique qui transcende le superficiel et qui leur permettrait de construire une relation durable.

Malheureusement, nous sommes dans un monde où les relations sont souvent éphémères et où l'engagement peut sembler effrayant, il devient difficile de convaincre quelqu'un de rester pour construire quelque chose de solide. Sans surprises, le résultat est souvent un sentiment d'isolement et de frustration, un cercle vicieux où le désir de connexion se heurte à la réalité des rencontres éphémères.

Pourtant, il est important de se rappeler que chaque rencontre, aussi fugace soit-elle, peut-être une occasion d'apprentissage et de croissance. C'est dans la vulnérabilité et l'ouverture que se trouvent les véritables opportunités de connexion, même si elles sont parfois éphémères.

Il est donc essentiel pour chacun de trouver un équilibre entre le désir de connexion et le respect de soi. Apprendre à reconnaître ses propres besoins émotionnels et à les exprimer ouvertement, même si nous sommes le seul dans une pièce bondé des gens , ne pas avoir de s'exprimer sur Grindr cela peut commencer par bien préciser sur son profil ces attentes clairs, on est jamais vieux jeux ou lourds si on est honnête avec nous-même et en phase avec nous même, c'est genre d'action peut ouvrir l'intérêts à un autre qui cherche la même chose à pouvoir s'approcher de vous et briser la glace ensemble à la conquête des relations plus authentiques et enrichissantes, même dans un monde où les rencontres rapides sont monnaie courante.

En fin de compte, le respect de soi est un pilier essentiel de toute relation saine et épanouissante, et il nous guide sur le chemin de l'authenticité et de l'épanouissement personnel.

Se respecter, c'est honorer la vérité qui réside au plus profond de notre être, cette voix intérieure qui murmure les vérités les plus intimes de notre âme. C'est reconnaître la valeur de nos émotions, de nos désirs, sans pour autant les laisser dicter nos actions de manière aveugle.

Dans ce monde où les tentations et les pressions sont omniprésentes, le respect de soi devient un phare dans la nuit il ne faut surtout pas laisser que les influences du fait de groupe altérer notre point de vue sur nous et sur nos sentiments et continuer à laisser ce phare continuer à nous guider à travers les eaux troubles de la vie.

C'est se permettre d'explorer nos désirs et nos plaisirs, mais avec la clarté d'esprit et la conscience aiguë de nos propres limites et valeurs.

Ainsi, se respecter ne se résume pas à l'abstention ou à la répression, mais à une communion intime avec notre être le plus profond. C'est embrasser nos vérités, nos vulnérabilités, nos aspirations avec tendresse et compassion, et agir en accord avec cette vérité sacrée qui réside en nous.

Parfois, le respect que nous accordons à notre propre personne peut sembler être interprété comme de l'arrogance. Nous évoluons dans un monde où ce qui était autrefois considéré comme normal est désormais dépassé, tandis que ce qui était autrefois considéré comme inhabituel est devenu la nouvelle norme. Cette transition a engendré une explosion de désaccords sur une multitude de sujets, remettant en question nos valeurs et nos croyances.

Dans un tel environnement, maintenir une personnalité authentique, même si elle n'est pas nécessairement dominante, est devenu une rareté. Certains peuvent percevoir cela comme une manière de manquer des opportunités dans la vie, alors que, en réalité, cela reflète souvent un profond respect pour nos propres convictions.

Pourquoi ne pas privilégier le fait de rester fidèle à soi-même, plutôt que de se perdre dans la frénésie des masses qui tentent désespérément de s'adapter à des normes changeantes ? En faisant ainsi, nous évitons de gaspiller notre temps et notre énergie à suivre des tendances éphémères qui perdront leur valeur dès qu'elles auront passé.

Il est crucial de reconnaître la valeur de la résistance à la pression sociale et de préserver notre intégrité personnelle dans un monde où les opinions divergent et où les valeurs traditionnelles sont constamment remises en question. En restant fidèles à nous-mêmes, nous témoignons d'un profond respect pour nos propres idées et valeurs, même si cela signifie parfois aller à contre-courant.

Rafael 65 ans raconte, il est clair qu'aujourd'hui avec expérience à souligner que j'ai été marié avec une femme et puis eu quelques romances avec quelques hommes et avec certains j'ai même été couple. Je suis arrivé à un stade de ma vie où je ne ressens pas le besoin de me remettre en couple avec quelqu'un même si je pense que vu mon grand âge cela serait plus raisonnable pour moi d'avoir un compagnon avec moi et profiter de la vie ensemble, mais je ne pense pas que nous sayons tous programmé dans la vie à tous reproduire les mêmes chemins, certaines personnes va savoir pourquoi ne sont pas faite pour avoir une vie de couple model et d'autre sont naturellement faites pour ce style de vie. Maintenant d'un autre côté, j'avoue que le nouveau système principalement dans la culture gay actuel où heureusement pour certains et malheureusement pour d'autres, l'abondance de l'offre comme certains savants disent tue l'offre. De nos jours il y'a tellement des choix que beaucoup d'entre eux sont devenu complétement fou de sexe ! Je ne suis pas dans la tête de tous le monde mais j'ai constaté que souvent on pourrait dire qu'aujourd'hui dans les rencontres gays le sexe prime et tout ce dont importe quand on rencontre les gens rien qu'a remarquer la rapidité que la position sexuelle si l'autre est passif ou actif est demandé, je dirais même que sur Grindr cette question il doit être dans le top 5. En effet, le phénome reste le même chez les hétérosexuels (sexe, sexe !) je sais que le sexe est une activité qui a toujours été très courtiser parce que cela fait du bien. Mais que les jeunes aillent transformer le sexe comme une activité banale comme un papier toilette je pense à mon humble avis cela reste une situation très triste. Mais comme tout n'est encore perdu, les jeunes gens sont une machine de renouvellement, il leur faut tout simplement voire de plus en plus des exemples des gens qui ont décidé de faire autrement et surement ils suivront et si par chance ce sera di positive qu'il verront sur Grindr ou dans le monde gay les choses se mettrons dans l'ordre.

Moment poétique

"Dans le dédale des relations humaines, la quête de l'amour pur se dessine telle une étoile fugace, illuminant la voûte céleste de la nuit, éphémère mais éblouissante, guidant nos âmes vers des horizons infinis. Au sein de l'agitation des rencontres éphémères et des plaisirs fugaces, il est aisé d'oublier la douceur et la profondeur des liens tissés avec patience et tendresse.

Pourtant, au creux d'une étreinte sincère, au cœur d'un regard partagé, se révèle la véritable richesse de l'âme humaine. Ainsi, alors que chacun de nous erre dans les méandres de l'existence, emporté par les flots de nos désirs les plus ardeurs, rappelons-nous que la véritable essence réside dans la quête incessante de l'amour véritable.

Dans cette recherche infinie, cultivons le jardin de nos cœurs avec délicatesse, semons les graines de la patience et de la compréhension, laissant éclore les pétales délicats de l'affection et de la tendresse. Car c'est dans les nuances subtiles de chaque émotion partagée que réside la magie véritable de l'amour, une magie illuminant nos existences de son éclat éternel, même dans les ténèbres les plus profondes.

Ainsi, laissons nos cœurs battre au rythme doux et mélodieux de l'amour authentique, laissant nos pas nous guider sur le chemin sinueux de la passion partagée. Car dans cette danse enivrante de la vie, c'est dans les bras de l'amour que nous trouvons notre véritable essence, notre éclat le plus pur, notre foyer le plus doux."

www.ingramcontent.com/pod-product-compliance
Lightning Source LLC
Chambersburg PA
CBHW081813250726
48653CB00010B/3935